Impressum
Verlag: BABADADA GmbH, Nedderfeld 112 , 22529 Hamburg
Geschäftsführer / Verlagsleitung: Harald Hof
Druck: Books on Demand GmbH, In de Tarpen 42, 22848 Norderstedt

Imprint
Publisher: BABADADA GmbH, Nedderfeld 112 , 22529 Hamburg, Germany
Managing Director / Publishing direction: Harald Hof
Print: Books on Demand GmbH, In de Tarpen 42, 22848 Norderstedt, Germany

škola

School

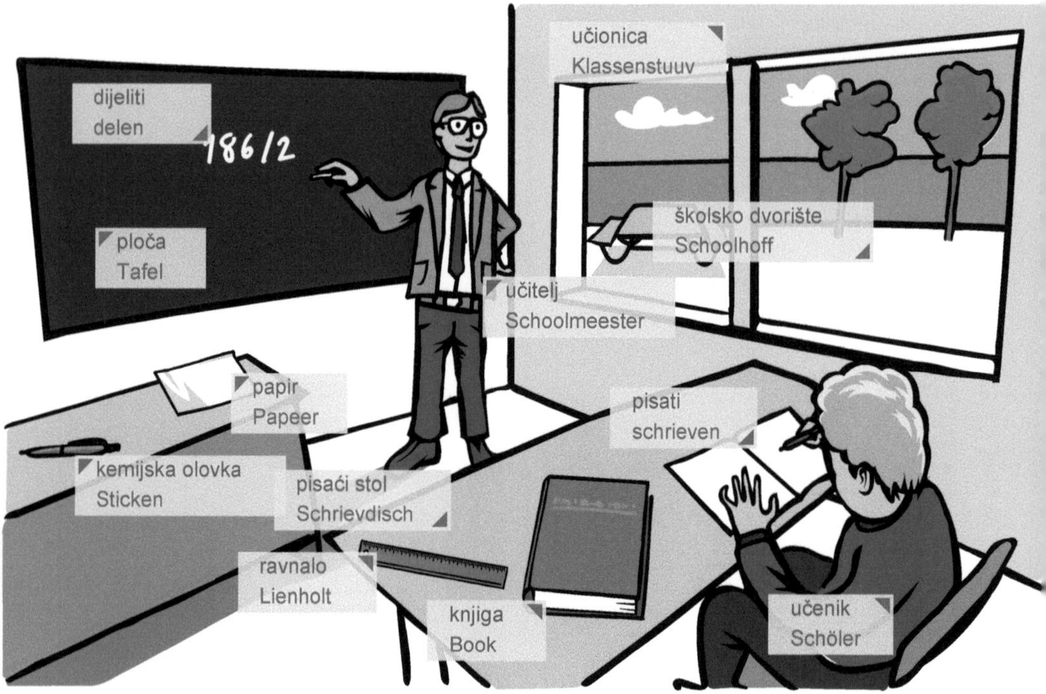
dijeliti
delen
186/2
ploča
Tafel
učionica
Klassenstuuv
školsko dvorište
Schoolhoff
učitelj
Schoolmeester
papir
Papeer
pisati
schrieven
kemijska olovka
Sticken
pisaći stol
Schrievdisch
ravnalo
Lienholt
knjiga
Book
učenik
Schöler

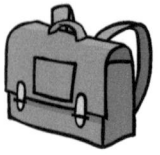

torba

Ranzel

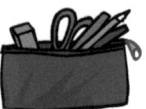

pernica

Feddermapp

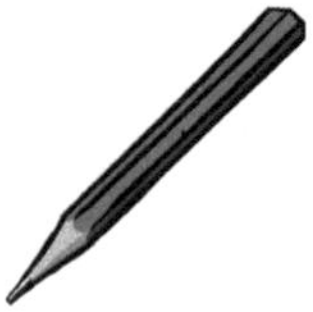

grafitna olovka

Bleesticken

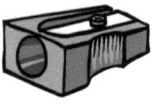

šiljilo za olovke

Scharpmaker

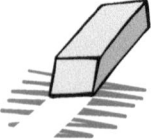

gumica za brisanje

Radeergummi

blok za crtanje

Tekenblock

crtež

Teken

kist

Pinsel

kutija s bojama

Malkassen

makaze

Scheer

ljepilo

Klever

bilježnica

Heft to'n Öven

domaći zadatak

Huusopgaav

broj

Tall

sabirati

tohooptellen

oduzimati

aftrecken

množiti

malnehmen

računati

reken

slovo

Bookstaav

abeceda

ABC

riječ

Woort

tekst
Text

čitati
lesen

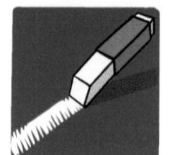

kreda
Kried

sat
Stunn

dnevnik
Klassenbook

ispit
Pröven

svjedodžba
Tüügnis

školska uniforma
Schooluniform

obrazovanje
Utbillen

leksikon
Nakieksel

sveučilište
Universität

mikroskop
Mikroskop

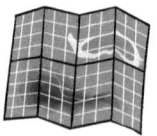

karta
Koort

košara za papir
Papeerkorf

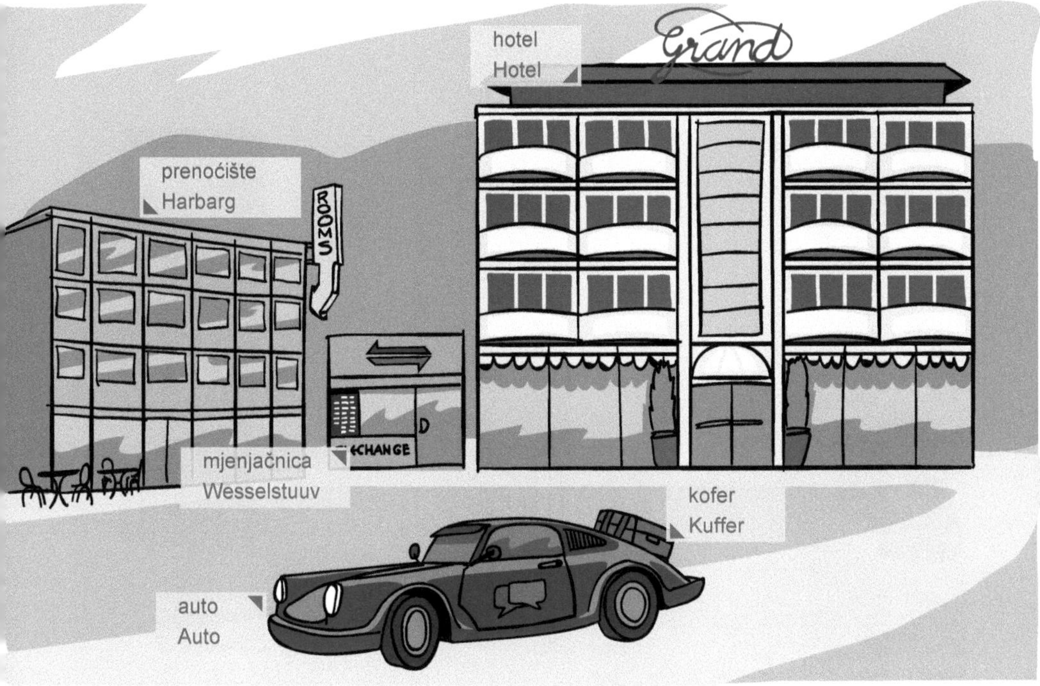

hotel
Hotel

prenoćište
Harbarg

mjenjačnica
Wesselstuuv

kofer
Kuffer

auto
Auto

		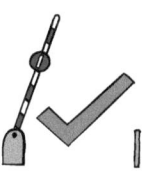
jezik	da / ne	okay
Spraak	jo / ne	Jo

zdravo	prevoditelj	hvala
Moin	Översetter	Dank ok

Koliko košta...?

Wat kost...?

ne razumijem

Ik verstah nich

problem

Problem

dobro veče!

Goden Avend

Dobro jutro!

Moin!

Laku noć!

Gode Nacht!

doviđenja

Tschüüs

smjer

Richt

prtljaga

Bagaasch

torba

Tasch

ruksak

Rüchsack

gost

Gast

soba

Stuuv

vreća za spavanje

Slaapsack

šator

Telt

turističke informacije

Touristeninformatschoon

plaža

Strand

kreditna kartica

Kreditkoort

doručak

Fröhstück

ručak

Meddageten

večera

Avendeten

karta za vožnju

Fohrkort

dizalo

Fohrstohl

poštanska markica

Breefmark

granica

Grenz

carina

Toll

ambasada

Bottschop

viza

Visum

putovnica

Pass

transport
Transport

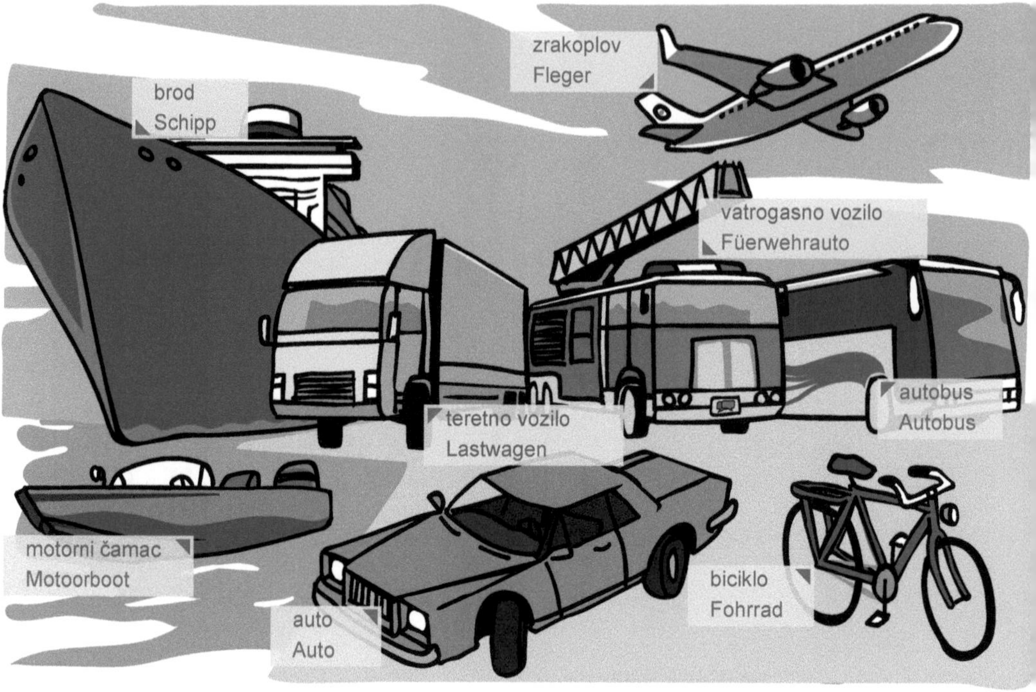

zrakoplov
Fleger
brod
Schipp
vatrogasno vozilo
Füerwehrauto
autobus
Autobus
teretno vozilo
Lastwagen
motorni čamac
Motoorboot
biciklo
Fohrrad
auto
Auto

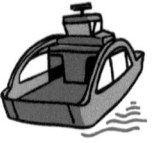

trajekt
Fähr

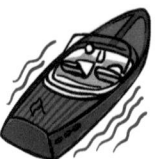

čamac
Boot

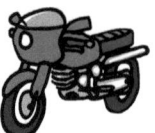

motocikl
Motoorrad

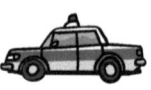

policijski auto
Polizeiauto

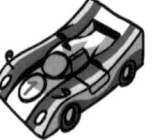

trkaći auto
Rönnauto

iznajmljeno auto
Lehnwagen

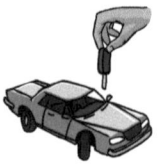

dijeljenje automobila

Carsharing

vučno vozilo

Afsleepwagen

vozilo za odvoz smeća

Müllauto

motor

Motoor

benzin

Kraftstoff

benzinska postaja

Tanksteed

prometni znak

Verkehrsschild

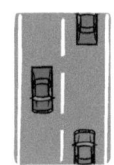

promet

Verkehr

zastoj

Stau

parkiralište

Afstellplatz

kolodvor

Bahnhoff

šine

Sporen

vlak

Tog

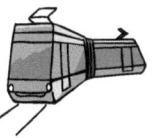

tramvaj

Stratenbahn

vagon

Wagon

helikopter
Dwarsmöhl

zrakoplovna luka
Flooghaven

toranj
Tower

putnik
Fohrgast

kontejner
Grootkist

karton
Karton

kolica
Koor

košara
Korf

uzletjeti / sletjeti
starten / lannen

grad
Stadt

selo
Dörp

centar grada
Binnenstadt

kuća
Huus

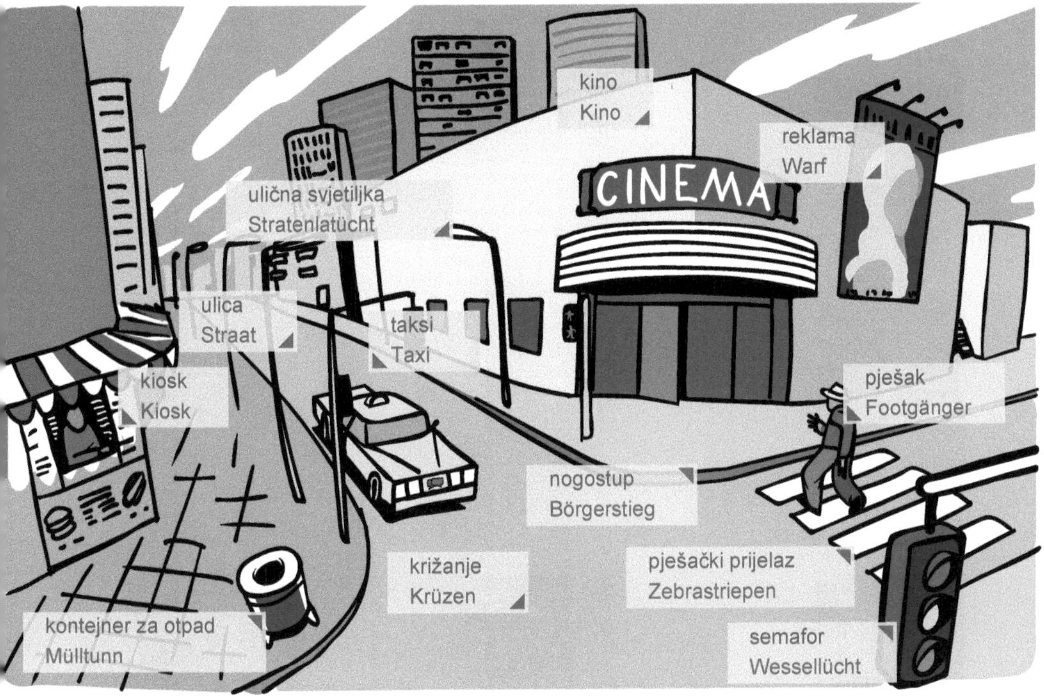

Top illustration

kino / Kino

reklama / Warf

ulična svjetiljka / Stratenlatücht

taksi / Taxi

ulica / Straat

kiosk / Kiosk

pješak / Footgänger

nogostup / Börgerstieg

križanje / Krüzen

pješački prijelaz / Zebrastriepen

kontejner za otpad / Mülltunn

semafor / Wessellücht

Bottom items

koliba
Hütt

stan
Wahnung

kolodvor
Bahnhoff

vijećnica
Raathuus

muzej
Museum

škola
School

sveučilište

Universität

banka

Bank

bolnica

Krankenhuus

hotel

Hotel

ljekarna

Afteek

ured

Büro

knjižara

Bookhökerie

prodavaonica

Hökerie

cvjećara

Blomenhökerie

supermarket

Supermarkt

trg

Markt

robna kuća

Koophuus

ribarnica

Fischhökerie

trgovački centar

Inkoopszentrum

luka

Haven

park
Parkanlaag

klupa
Bank

most
Brüch

stepenice
Trepp

podzemna željeznica
Ünnergrundbahn

tunel
Tunnel

autobusna stanica
Busstoppsteed

bar
Bar

restoran
Spieslokal

poštansko sanduče
Breefkassen

ulični znak
Stratenschild

parkirni sat
Parkklock

zoološki vrt
Deertenpark

bazen
Baadanstalt

džamija
Moschee

seosko gazdinstvo
Buernhoff

zagađenje okoliša
Ümweltversmudden

groblje
Karkhoff

crkva
Kark

igralište
Speelplatz

hram
Tempel

krajolik
Landschop

list
Blatt

putokaz
Wiespahl

put
Weg

livada
Wisch

kamen
Steen

šetač
Wannerer

drvo
Boom

rijeka
Fluss

trava
Gras

cvijet
Bloom

dolina
Daal

planina
Barg

jezero
See

šuma
Holt

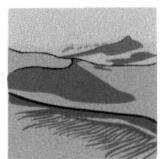

pustinja
Wööst

vulkan
Füerspien Barg

dvorac
Slott

duga
Regenbagen

gljiva
Poggenstohl

palma
Palm

moskito
Steekmück

muha
Fleeg

mrav
Miegeemk

pčela
Imm

pauk
Spinn

buba

Sebber

žaba

Pogg

vjeverica

Katteker

jež

Swienegel

zec

Haas

sova

Uul

ptica

Vagel

labud

Swaan

divlja svinja

Wildswien

jelen

Hirsch

los

Elk

nasip

Staudamm

vjetrenjača

Windrad

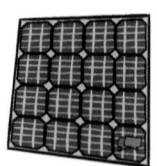

solarna ploča

Solarmodul

klima

Klima

krajolik - Landschop

restoran
Spieslokal

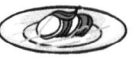

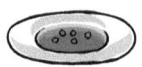

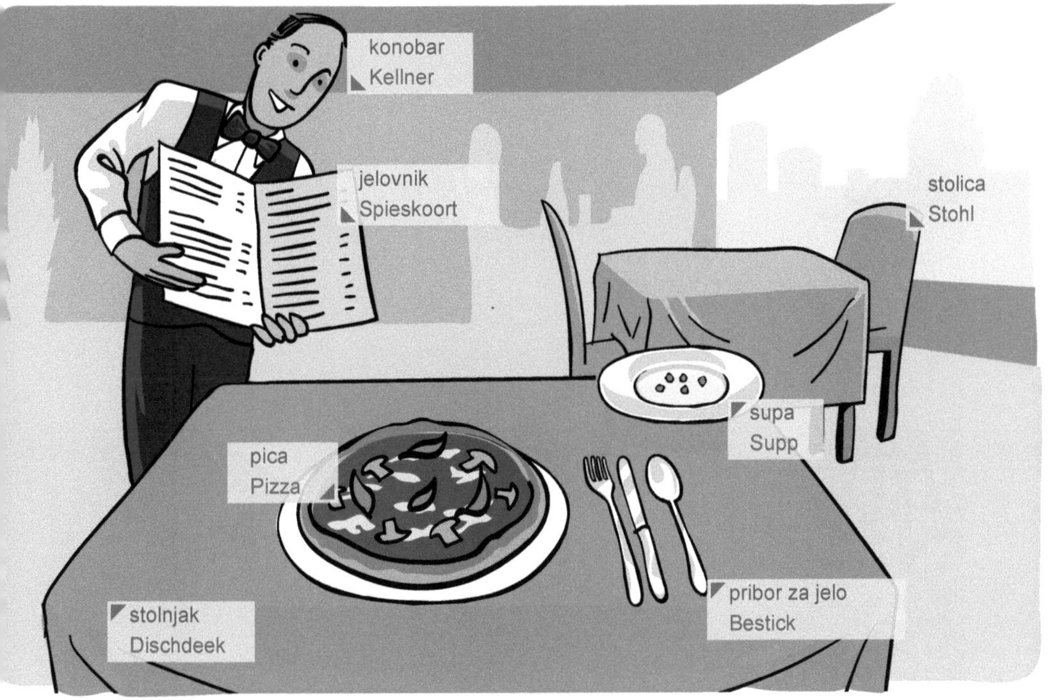
konobar
Kellner
jelovnik
Spieskoort
stolica
Stohl
supa
Supp
pica
Pizza
pribor za jelo
Bestick
stolnjak
Dischdeek

predjelo
Vörspies

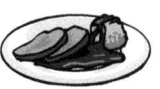

glavno jelo
Haupteten

desert
Nadisch

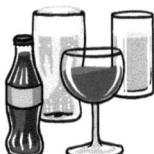

napitci
Drünk

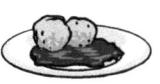

jelo
Eten

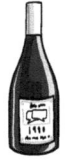

boca
Buddel

fastfood

Fastfood

imbis hrana

Strateneten

čajnik

Teekann

doza za šećer

Zuckerdoos

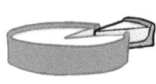

porcija

Portschoon

aparat za espresso

Espressomaschien

visoka stolica

Hoochstohl

račun

Reken

pladanj

Tablett

nož

Mess

vilica

Gavel

žlica

Lepel

čajna žlica

Teelepel

ubrus

Munddook

čaša

Glas

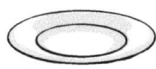

tanjur

Töller

tanjur za supu

Suppentöller

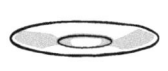

tanjurić

Ünnertass

sos

Sooß

soljenka

Soltstreuer

mlin za biber

Pepermöhl

ocat

Etig

ulje

Ööl

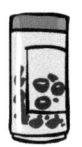

začini

Krüder

kečap

Ketchup

senf

Mostrich

majoneza

Mayonnaise

supermarket
Supermarkt

ponuda
Anbott
FOR
kupac
Kunn
mliječni proizvodi
Melkprodukten
voće
Aaft
kolica za kupnju
Inkoopswagen

BUTCHERS

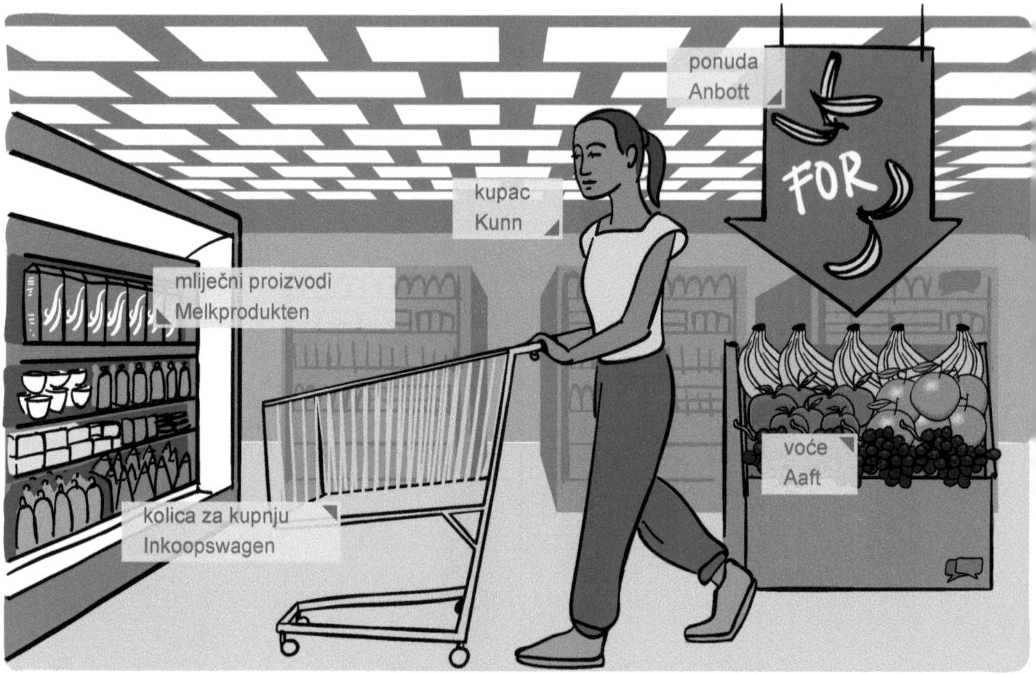

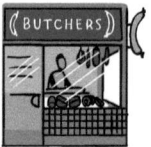

mesnica

Slachterie

BAKERY

pekarnica

Bäckerie

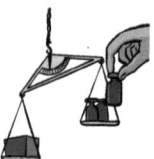

vagati

wegen

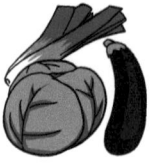

povrće

Gröönsaken

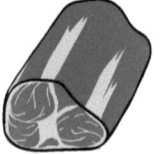

meso

Fleesch

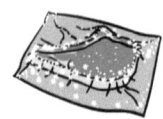

duboko smrznuta hrana

Deepköhlkost

narezak

Opsnitt

konzerve

Konserven

sredstvo za pranje

Waschmiddel

slatkiši

Snoopkraam

artikli za domaćinstvo

Huushooltssaken

sredstva za čišćenje

Reinmaaktüüch

prodavačica

Verköpersche

blagajna

Kass

blagajnik

Kasserer

lista za kupnju

Inkoopslist

vrijeme rada

Opsparrtieden

novčanik

Breeftasch

kreditna kartica

Kreditkoort

torba

Tasch

plastična vrećica

Plastiktüüt

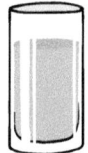

voda

Water

sok

Saft

mlijeko

Melk

cola

Cola

vino

Wien

pivo

Beer

alkohol

Spriet

kakao

Kakao

čaj

Tee

kava

Koffie

espresso

Espresso

cappuccino

Cappucino

banana

Banaan

jabuka

Appel

naranča

Appelsien

lubenica

Meloon

limun

Zitroon

mrkva

Wöttel

češnjak

Knuuvlook

bambus

Bambus

luk

Zibbel

gljiva

Poggenstohl

orašasti plodovi

Nööt

rezanci

Nudeln

špagete

Spaghetti

riža

Ries

salata

Salat

pomfrit

Pommes frites

pečeni krumpir

Braadkantüffeln

pica

Pizza

hamburger

Hamborger

sendvič

Sandwich

šnicla

Snitzel

pršut

Schinken

salama

Salami

kobasica

Wust

kokoš

Hohn

pečenje

Braden

riba

Fisch

zobene pahuljice

Haverflocken

musli

Müsli

kukuruzne pahuljice

Cornflakes

brašno

Mehl

roščić

Croissant

pecivo

Rundstück

kruh

Broot

toast

Toast

keksi

Keksen

maslac

Botter

svježi sir

Quark

kolač

Koken

jaje

Ei

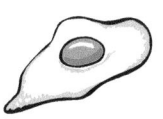

jaje na oko

Spegelei

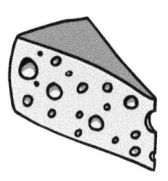

sir

Kees

sladoled
les

šećer
Zucker

med
Honnig

marmelada
Marmelaad

nugat krema
Nougat-Creme

curry
Curry

jelo - Eten

seosko gazdinstvo
Buernhoff

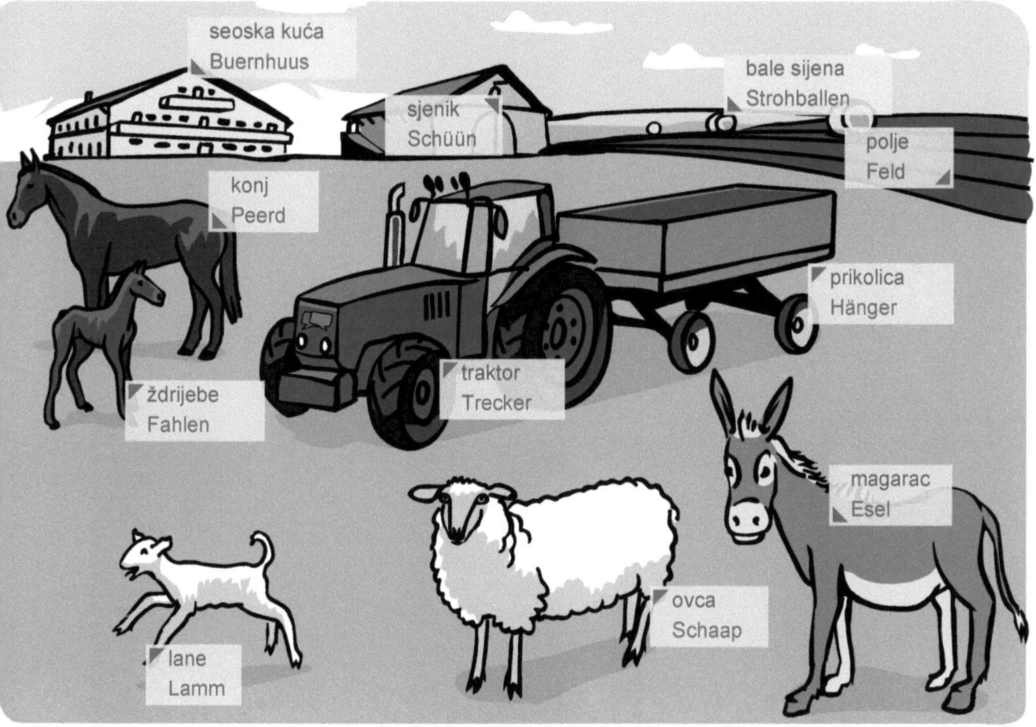

seoska kuća
Buernhuus
sjenik
Schüün
bale sijena
Strohballen
polje
Feld
konj
Peerd
prikolica
Hänger
traktor
Trecker
ždrijebe
Fahlen
magarac
Esel
ovca
Schaap
lane
Lamm

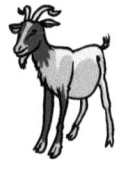

koza
Zeeg

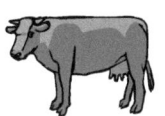

krava
Koh

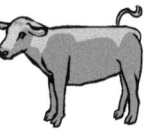

tele
Kalf

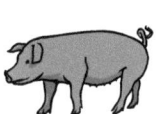

svinja
Swien

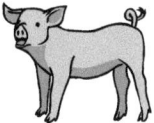

prase
Farken

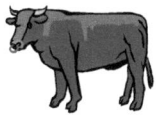

bik
Bull

guska

Goos

patka

Aant

pilići

Küken

kokoš

Hohn

pijetao

Hahn

pacov

Rott

mačka

Katt

miš

Muus

vol

Oss

pas

Hund

kućica za psa

Hunnenhütt

vrtno crijevo

Goornslauch

kanta za polijevanje

Geetkann

kosa

Lee

plug

Ploog

srp

Sich

motika

Hack

vilica za gnojivo

Mestfork

sjekira

Ext

tačke

Schuufkoor

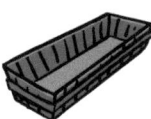

korito

Trog

posuda za mlijeko

Melkkann

vreća

Sack

ograda

Tuun

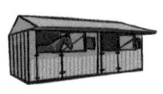

štala

Stall

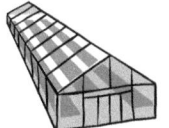

staklenik

Drievhuus

zemlja

Bodden

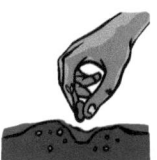

sjeme

Saat

gnojivo

Dünger

kombajn

Meihdöscher

žanjati

oornen

žetva

Oorn

yams začin

Yamswöttel

pšenica

Weten

soja

Soja

krumpir

Kantüffel

kukuruz

Törksche Weten

uljana repica

Rapp

voćka

Aaftboom

gomolj manioke

Troopsch Kantüffel

žitarice

Koorn

kuća
Huus

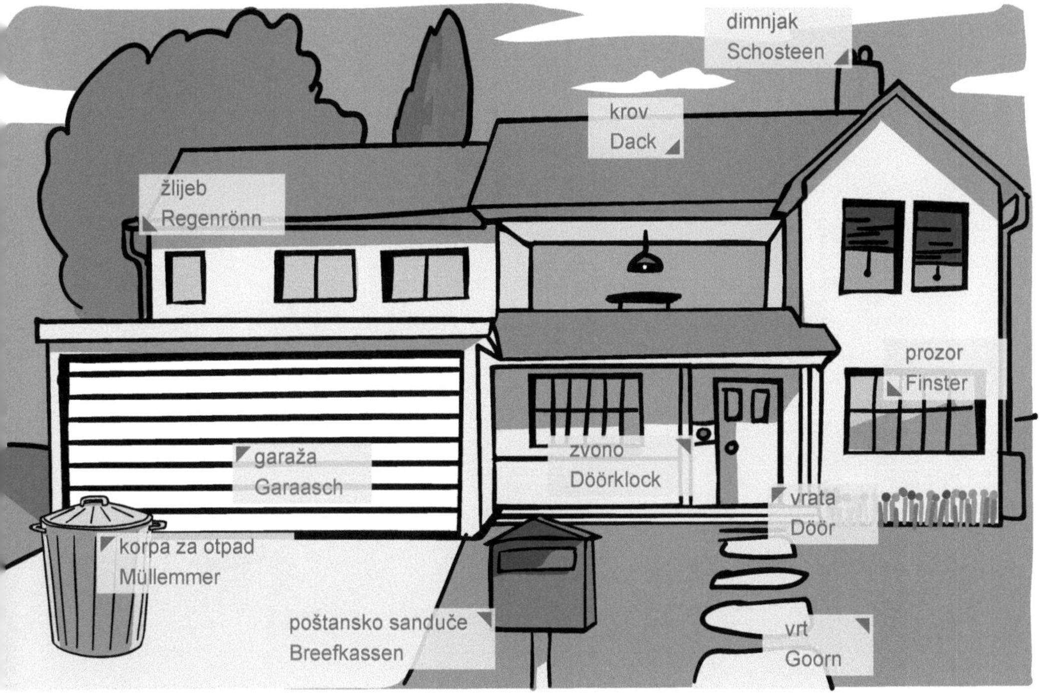
dimnjak
Schosteen
krov
Dack
žlijeb
Regenrönn
prozor
Finster
garaža
Garaasch
zvono
Döörklock
vrata
Döör
korpa za otpad
Müllemmer
poštansko sandučе
Breefkassen
vrt
Goorn

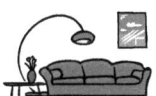

dnevna soba

Wahnstuuv

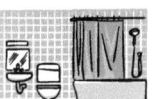

kupaonica

Baadstuuv

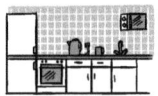

kuhinja

Köök

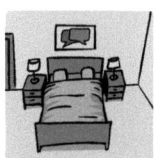

spavaća soba

Slaapstuuv

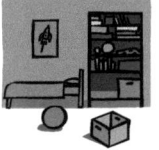

dječija soba

Kinnerstuuv

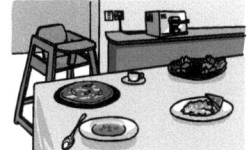

trpezarija

Eetstuuv

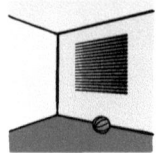

pod

Footbodden

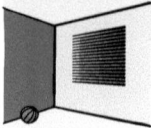

zid

Wand

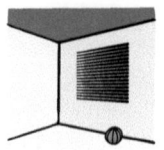

strop

Deek

podrum

Keller

sauna

Hittluftbad

balkon

Balkon

terasa

Terrass

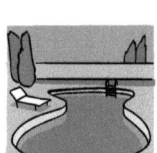

bazen

Swümmbad

kosilica za travu

Rasenmeiher

posteljina za krevet

Bettbetog

deka za krevet

Bettdeek

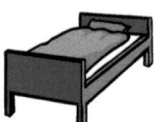

krevet

Puuch

metla

Bessen

kanta

Emmer

sklopka

Schalter

dnevna soba
Wahnstuuv

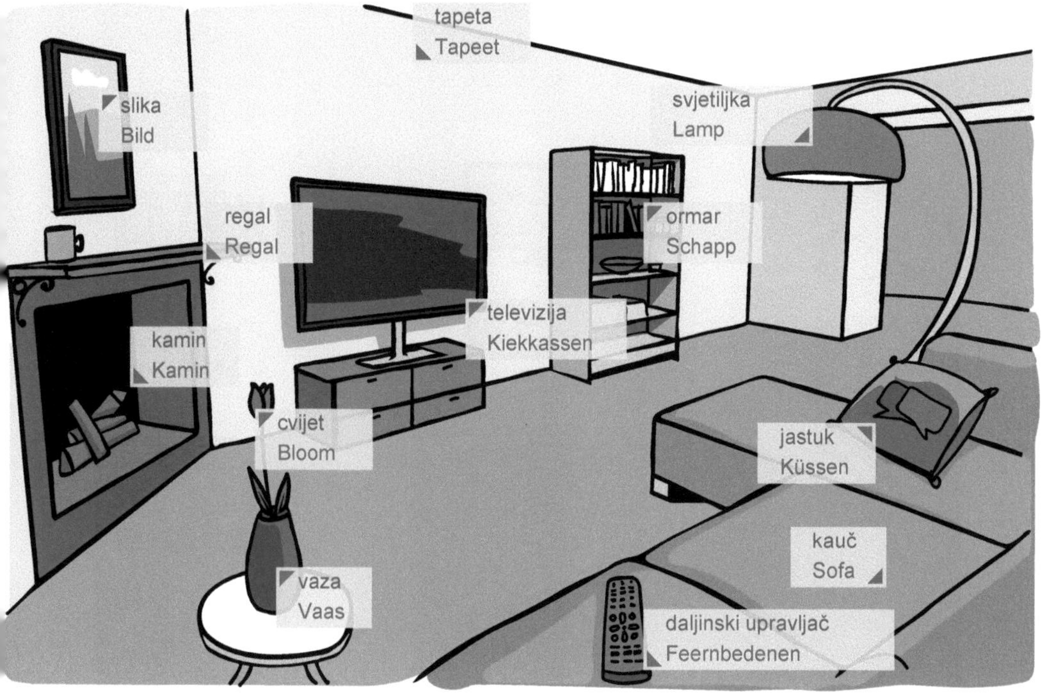

tapeta
Tapeet
slika
Bild
svjetiljka
Lamp
regal
Regal
ormar
Schapp
televizija
Kiekkassen
kamin
Kamin
cvijet
Bloom
jastuk
Küssen
kauč
Sofa
vaza
Vaas
daljinski upravljač
Feernbedenen

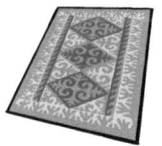

tepih

Teppich

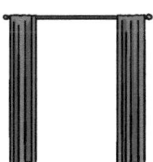

zavjesa

Vörhang

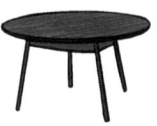

stol

Disch

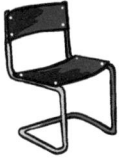

stolica

Stohl

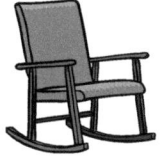

stolica za njihanje

Schuckelstohl

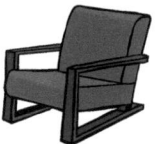

fotelja

Sessel

knjiga

Book

deka

Deek

dekoracija

Dekoratschoon

drvo za ogrjev

Füerholt

film

Film

stereo uređaj

Stereoanlaag

ključ

Slötel

novine

Narichtenblatt

slika na platnu

Gemälde

poster

Poster

radio

Radio

blok za pisanje

Opschrievblock

usisavač

Huulbessen

kaktus

Kaktus

svijeća

Kars

kuhinja
Köök

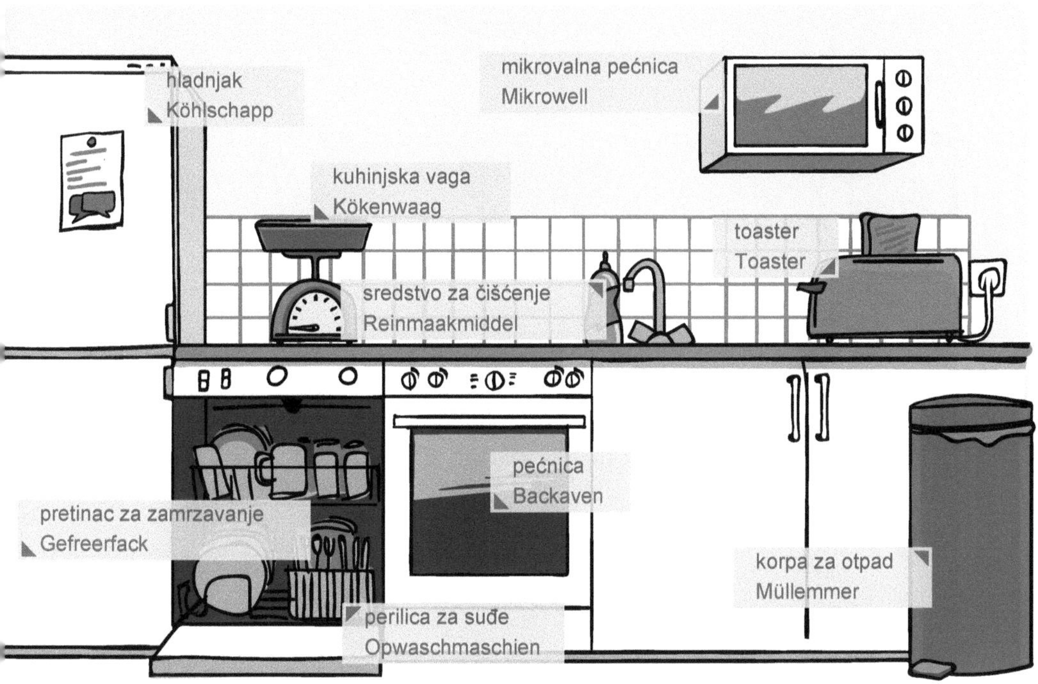
hladnjak
Köhlschapp
mikrovalna pećnica
Mikrowell
kuhinjska vaga
Kökenwaag
toaster
Toaster
sredstvo za čišćenje
Reinmaakmiddel
pećnica
Backaven
pretinac za zamrzavanje
Gefreerfack
korpa za otpad
Müllemmer
perilica za suđe
Opwaschmaschien

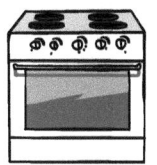

štednjak

Heerd

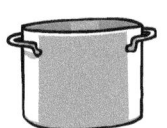

lonac

Pott

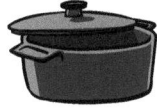

željezni lonac

Gussiesern Putt

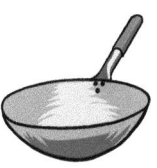

wok / kadai

Wok / Kadai

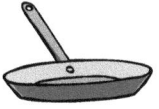

tava

Pann

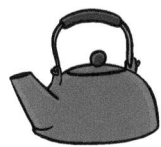

kuhalo za vodu

Waterkaker

kuhalo na paru

Dampkaakputt

lim za pečenje

Backblick

posuđe

Geschirr

čaša

Beker

zdjela

Schaal

štapići za jelo

Eetsticken

kutljača

Suppenkell

lopatica

Pannenwenner

pjenjača

Sneebessen

sito za kuhanje

Kaakseef

sito

Seef

ribež

Riev

mužar

Mörser

roštilj

Grill

ognjište

Füerstell

daska

Sniedbrett

oklagija

Nudelholt

vadičep

Proppentrecker

konzerva

Doos

otvarač konzervi

Dosenaapner

krpa za lonac

Pottlappen

sudoper

Waschbecken

četka

Böst

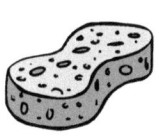

spužva

Swamm

mikser

Mixer

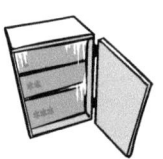

zamrzivač

lesschapp

bočica za bebe

Nuckelbuddel

slavina za vodu

Waterhahn

kupaonica
Baadstuuv

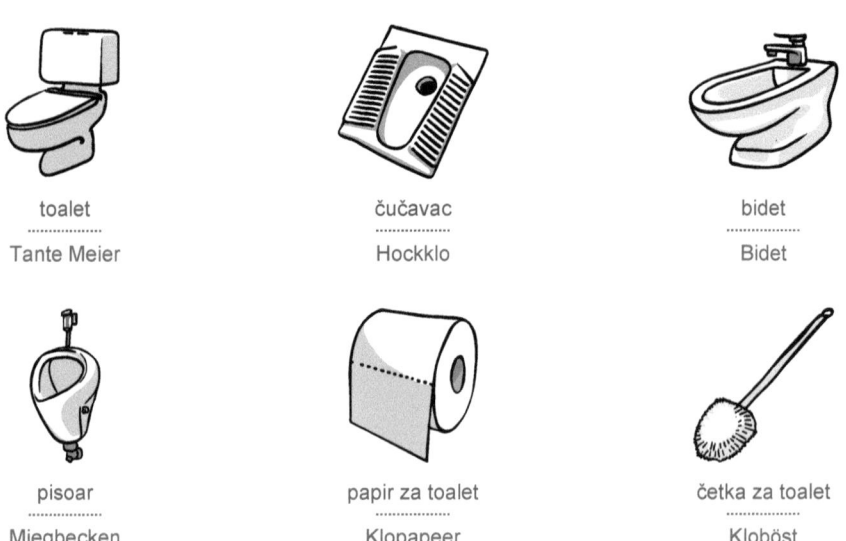

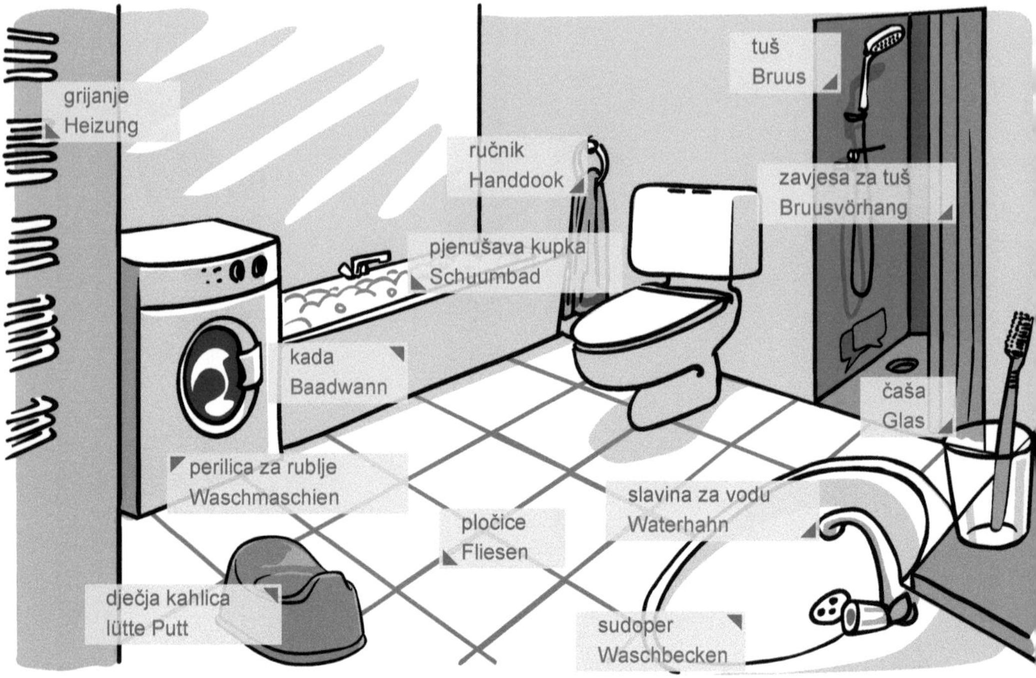
grijanje
Heizung
tuš
Bruus
ručnik
Handdook
zavjesa za tuš
Bruusvörhang
pjenušava kupka
Schuumbad
kada
Baadwann
čaša
Glas
perilica za rublje
Waschmaschien
slavina za vodu
Waterhahn
pločice
Fliesen
dječja kahlica
lütte Putt
sudoper
Waschbecken

toalet

Tante Meier

čučavac

Hockklo

bidet

Bidet

pisoar

Miegbecken

papir za toalet

Klopapeer

četka za toalet

Kloböst

četkica za zube

Tähnböst

pasta za zube

Tähnpast

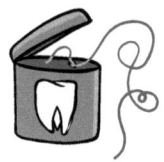

konac za zube

Tähnsied

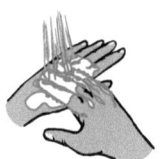

prati

waschen

tuš ručica

Handbruus

tuš za pranje intimnih dijelova

Intimbruus

lavor

Waschschöttel

četka za pranje leđa

Rüchböst

sapun

Seep

gel za tuširanje

Bruusgeel

šampon

Hoorwaschmiddel

krpa za pranje

Waschlappen

odvod

Afloop

krema

Creme

dezodorans

Deodorant

ogledalo

Spegel

kozmetičko ogledalo

Kosmetikspegel

brijač

Raserer

pjena za brijanje

Raseerschuum

losion za poslije brijanja

Raseerwater

češalj

Kamm

četka

Böst

sušilo za kosu

Hoordröger

sprej za kosu

Hoorspray

makeup

Smink

ruž za usne

Lippensticken

lak za nokte

Nagellack

vata

Watt

škare za nokte

Nagelscheer

parfem

Rüükwater

neseser

Kulturbüdel

stolica

Schemel

vaga

Waag

ogrtač

Baadmantel

rukavice za čišćenje

Gummihanschen

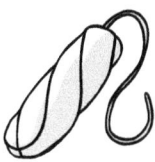

tampon

Tampon

uložak

Damenbinn

kemijski toalet

Chemieklo

dječija soba
Kinnerstuuv

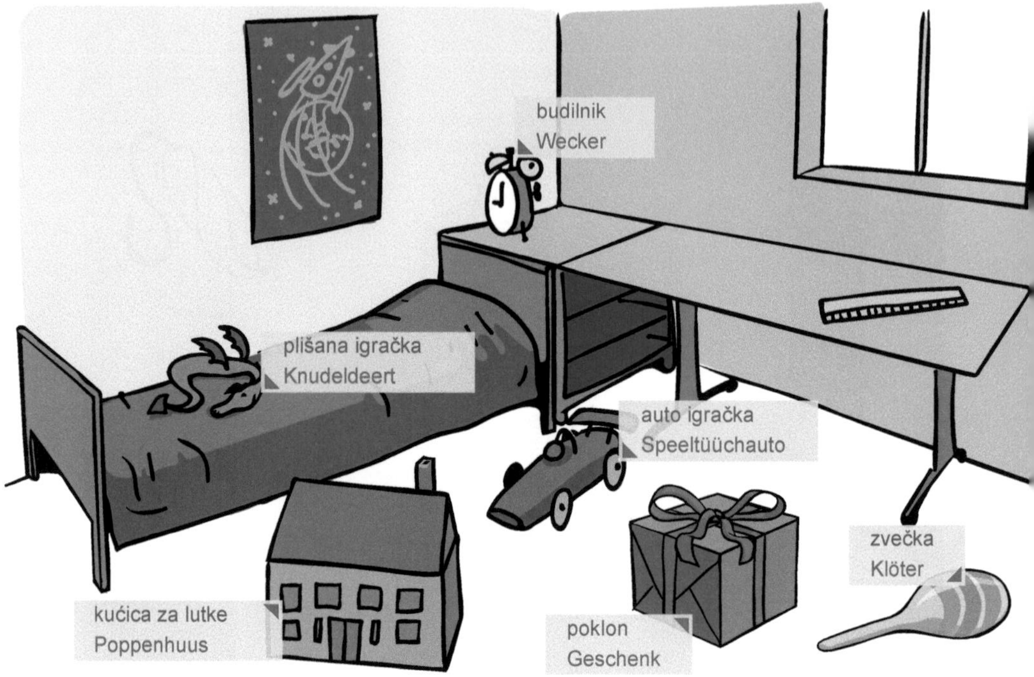
budilnik
Wecker
plišana igračka
Knudeldeert
auto igračka
Speeltüüchauto
zvečka
Klöter
kućica za lutke
Poppenhuus
poklon
Geschenk

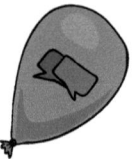

balon
Luftballon

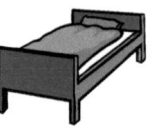

krevet
Puuch

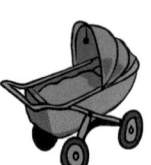

dječija kolica
Kinnerwagen

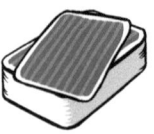

igra s kartama
Koortenspeel

slagalica
Puzzle

SUPER
MEGA
strip
Billergeschicht

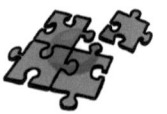

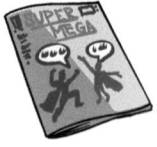

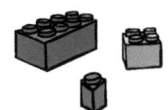

lego kockice

Legostenen

kockice za slaganje

Bustenen

akcioni junak

Action-Figur

kombinezon za bebe

Strampelantog

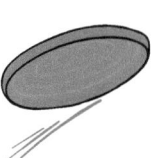

frizbi

Frisbeeschiev

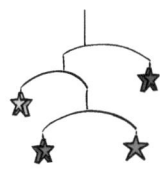

viseće igračke

Mobile

društvene igre

Brettspeel

kocka

Wörpel

minijaturna željeznica

Modelliesenbahn

duda

Snuller

tulum

Party

slikovnica

Billerbook

lopta

Ball

lutka

Popp

igrati

spelen

pješčanik

Sandkassen

ljuljačka

Schuckel

igračka

Speeltüüch

konzola za igre

Speelkonsool

tricikl

Dreerad

plišani medo

Teddyboor

ormar

Klederschapp

odjeća
Tüüch

kratke čarape

Socken

čarape

Strümp

hulahopke

Strumpbüx

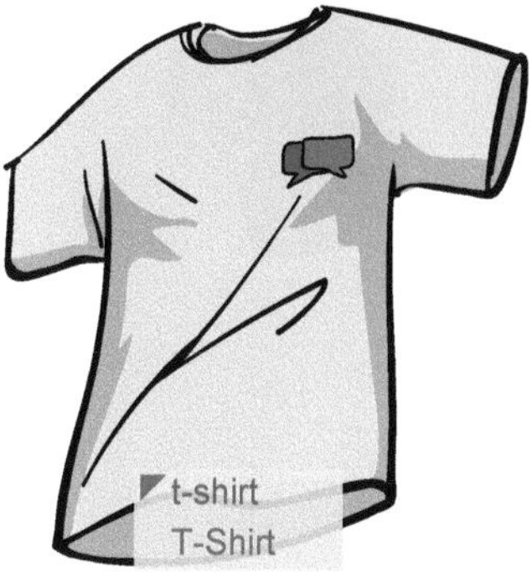

šal
Halsdook

kaiš
Liefreem

kišobran
Paraplü

t-shirt
T-Shirt

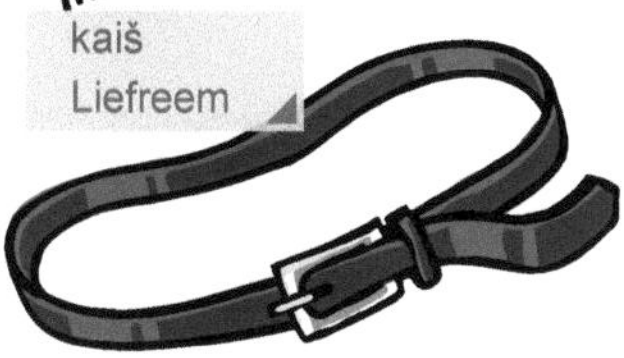

patike
Turnschoh

čizme
Stevel

papuče
Puuschen

sandale
Sandalen

cipele
Schoh

gumene čizme
Gummistevel

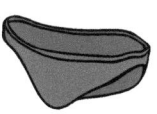

gaćice
Ünnerbüx

grudnjak
Bostholler

potkošulja
Ünnerhemd

bodi
Lief

hlače
Büx

džins
Jeansnüx

haljina
Rock

bluza
Bluus

košulja
Hemd

džemper
Pullover

pulover s kapuljačom
Kapuzenpullover

blejzer
Blazer

jakna
Jack

kaput
Mantel

kabanica
Övertrecker

kostim
Kostüm

haljina
Kleed

vjenčanica
Hochtietskleed

odijelo
Antog

spavaćica
Nachtkleed

pidžama
Slaapantog

sari
Sari

rubac
Koppdook

turban
Turban

burka
Burka

kaftan
Kaftan

abaja
Abaya

kupaći kostim
Baadantog

kupaće gaćice
Baadbüx

kratke hlače
Korte Büx

odjeća za trening
Antog to'n Öven

pregača
Schört

rukavice
Handschoh

gumb

Knopp

naočale

Brill

narukvica

Armband

ogrlica

Halskeed

prsten

Ring

naušnica

Ohrbummel

kapa

Mütz

vješalica

Klederbögel

šešir

Hoot

kravata

Binner

patent zatvarač

Rietslüter

kaciga

Helm

naramenice

Drachtband

školska uniforma

Schooluniform

uniforma

Uniform

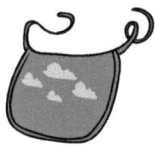

podbradak

Severböten

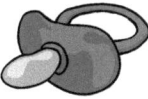

duda

Snuller

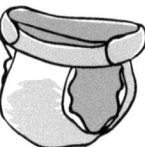

pelena

Winnel

ured
Büro

server
Server
ormar za spise
Aktenschapp
pisač
Drucker
papir
Papeer
monitor
Bildschirm
miš
Muus
pisaći stol
Schrievdisch
mapa
Orner
tipkovnica
Knoopboord
košara za papir
Papeerkorf
računar
Computer
stolica
Stohl

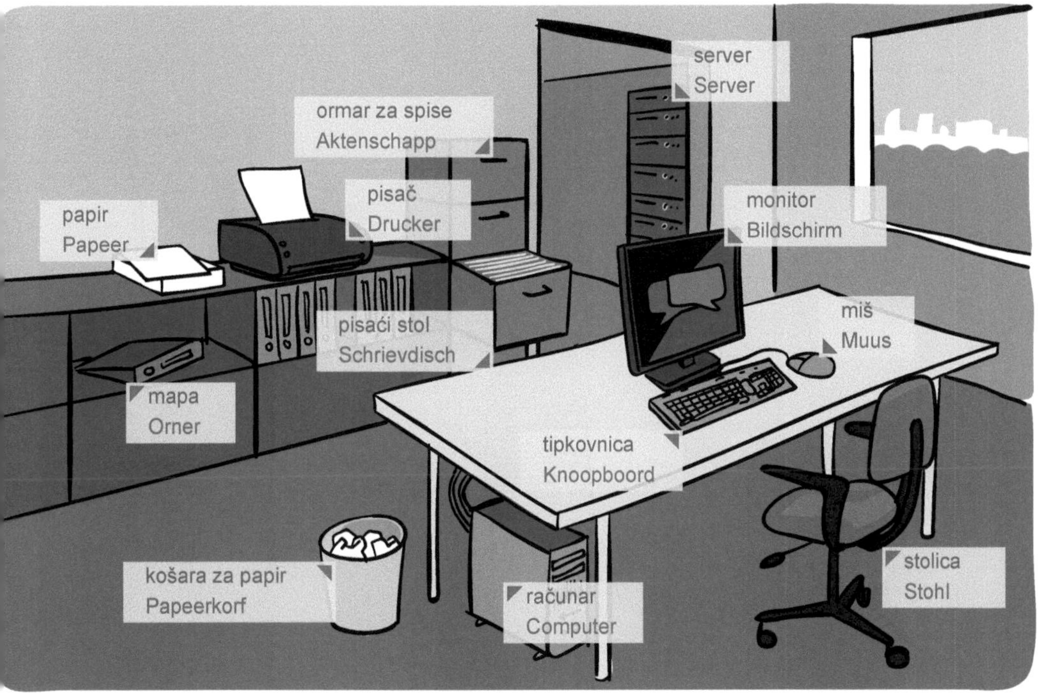

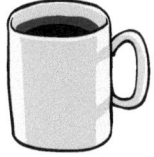

šalica za kavu

Koffiebeker

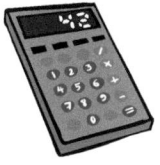

kalkulator

Taschenreekner

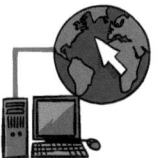

internet

Internet

laptop

Klappreekner

pismo

Breef

poruka

Naricht

mobilni telefon

Ackersnacker

mreža

Nettwark

uređaj za kopiranje

Kopeerapparat

softver

Software

telefon

Klöönkassen

utičnica

Steekdoos

faks

Faxapparat

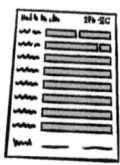

obrazac

Formulor

dokument

Dokument

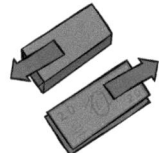

kupovati

köpen

platiti

betahlen

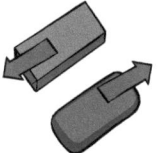

trgovati

hanneln

novac

Geld

dolar

Dollar

euro

Euro

jen

Yen

rubalj

Ruvel

švicarski franak

Swiezer Franken

renmindbi yuan

Renminbi Yuan

rupija

Rupie

automat za novac

Geldautomat

mjenjačnica

Wesselstuuv

zlato

Gold

srebro

Sülver

nafta

Ööl

energija

Energie

cijena

Pries

ugovor

Verdrag

porez

Stüer

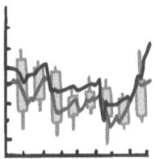

dionica

Andeelschien

raditi

arbeiden

službenik

Anstellte

poslodavac

Arbeitgever

tvornica

Fabrik

prodavaonica

Hökerie

policajac
Wachtmeester

vatrogasac
Füerwehrmann

kuhar
Kock

liječnik
Dokter

pilot
Fleger

vrtlar

Goorner

stolar

Discher

krojačica

Neihersche

sudija

Richter

kemičar

Chemiker

glumac

Schauspeler

vozač autobusa

Busfohrer

vozač taksija

Taxifohrer

ribar

Fischer

čistačica

Reinmaakfru

krovopokrivač

Dackdecker

konobar

Kellner

lovac

Jäger

slikar

Maler

pekar

Bäcker

električar

Elektriker

građevinski radnik

Buarbeider

inženjer

Ingenieur

mesar

Slachter

limar

Klempner

poštar

Postbüdel

vojnik

Suldat

arhitekta

Architekt

blagajnik

Kasserer

cvjećar

Florist

frizer

Putzbüdel

kondukter

Schaffner

mehaničar

Mechaniker

kapetan

Kaptein

zubar

Tähndokter

znanstvenik

Wetenschopler

rabi

Rabbi

imam

Imam

monah

Mönk

svećenik

Paap

alati
Warktüüch

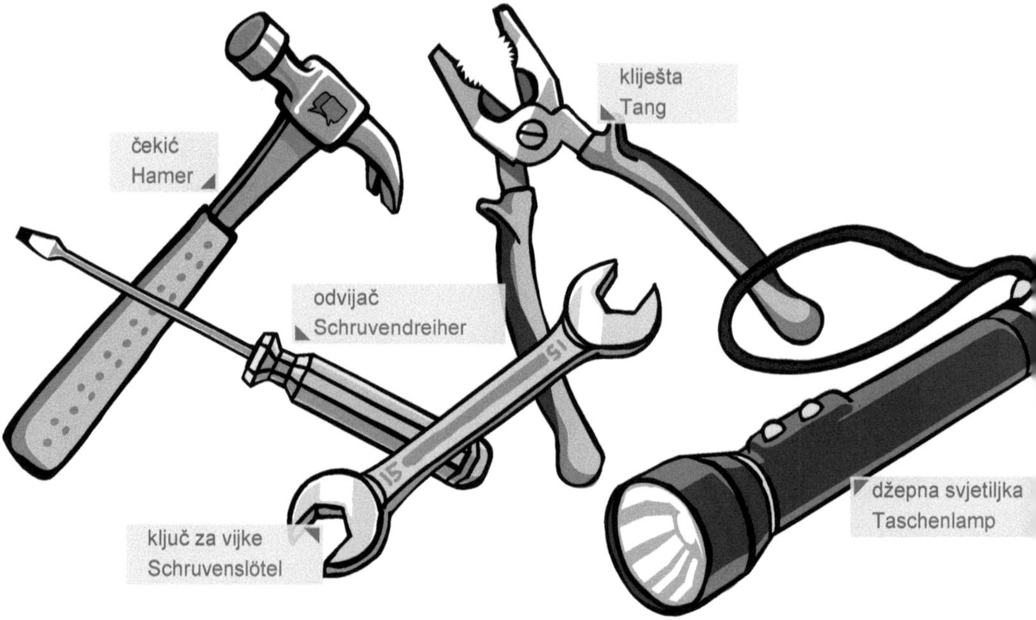

kliješta
Tang
čekić
Hamer
odvijač
Schruvendreiher
džepna svjetiljka
Taschenlamp
ključ za vijke
Schruvenslötel

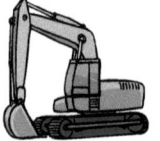

rovokopač

Grieper

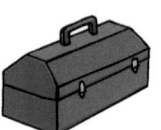

kutija za alat

Warktüüchkassen

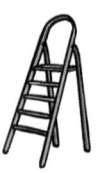

ljestve

Ledder

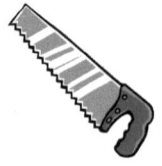

pila

Saag

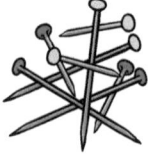

ekser

Nagels

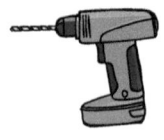

bušilica

Bohrer

popraviti

heelmaken

lopata

Schüffel

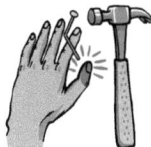

Sranje!

Schiet!

lopatica

Kehrblick

lonac za boju

Farvpott

vijci

Schruven

glazbeni instrument
Musikinstrumenten

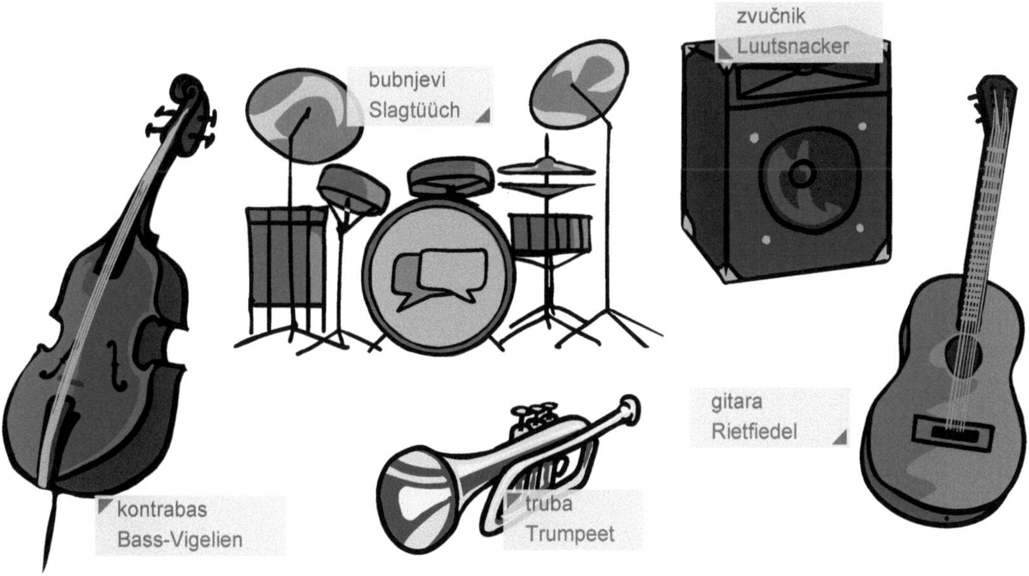

zvučnik
Luutsnacker

bubnjevi
Slagtüüch

kontrabas
Bass-Vigelien

truba
Trumpeet

gitara
Rietfiedel

klavir

Klaveer

violina

Vigelien

bas

Bass

timpani

Pauk

udaraljke za bubnjeve

Trummeln

keyboard

Keyboard

saksofon

Saxophon

flauta

Fleut

mikrofon

Mikrofoon

zoološki vrt
Deertenpark

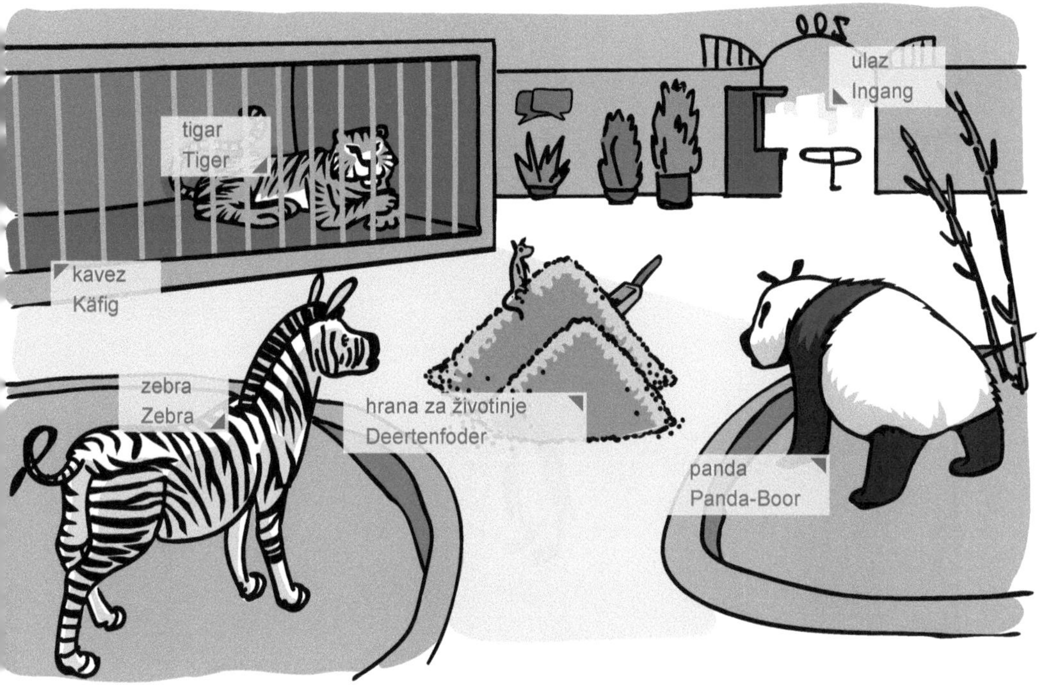
ulaz
Ingang
tigar
Tiger
kavez
Käfig
zebra
Zebra
hrana za životinje
Deertenfoder
panda
Panda-Boor

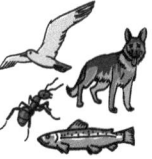

životinje

Deerten

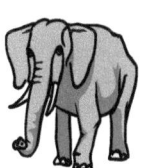

slon

Elefant

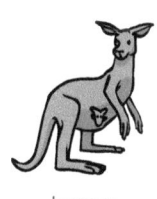

kengur

Känguru

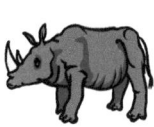

nosorog

Neeshoorn

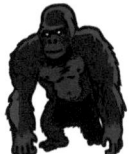

gorila

Gorilla

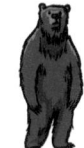

medvjed

Boor

kamila

Kameel

noj

Struuß

lav

Lööv

majmun

Aap

flamingo

Flamingo

papagaj

Papagoi

polarni medvjed

lesboor

pingvin

Pinguin

ajkula

Haifisch

paun

Pageluun

zmija

Slang

krokodil

Krokodil

čuvar u zoološkom vrtu

Oppasser in'n Deertenpark

tuljan

Saalhund

jaguar

Jaguor

poni	leopard	nilski konj
Pony	Leopard	Nilpeerd

žirafa	orao	divlja svinja
Giraff	Aadler	Wildswien

riba	kornjača	morž
Fisch	Schildkrööt	Walross

lisica	gazela	
Voss	Gazell	

američki nogomet
Amerikaansch Football

biciklizam
Radfohren

tenis
Tennis

košarka
Korfball

plivanje
Swümmen

boks
Boxen

hockey na ledu
leshockey

nogomet
Football

badminton
Fedderball

atletika
Leichtathletik

rukomet
Handball

skijanje
Skilopen

polo
Polo

aktivnosti
Aktivitäten

smijati se
lachen
skočiti
springen
zagrliti
ümarmen
ići
gahn
pjevati
singen
sanjati
drömen
moliti se
beden
poljubiti
snuteln

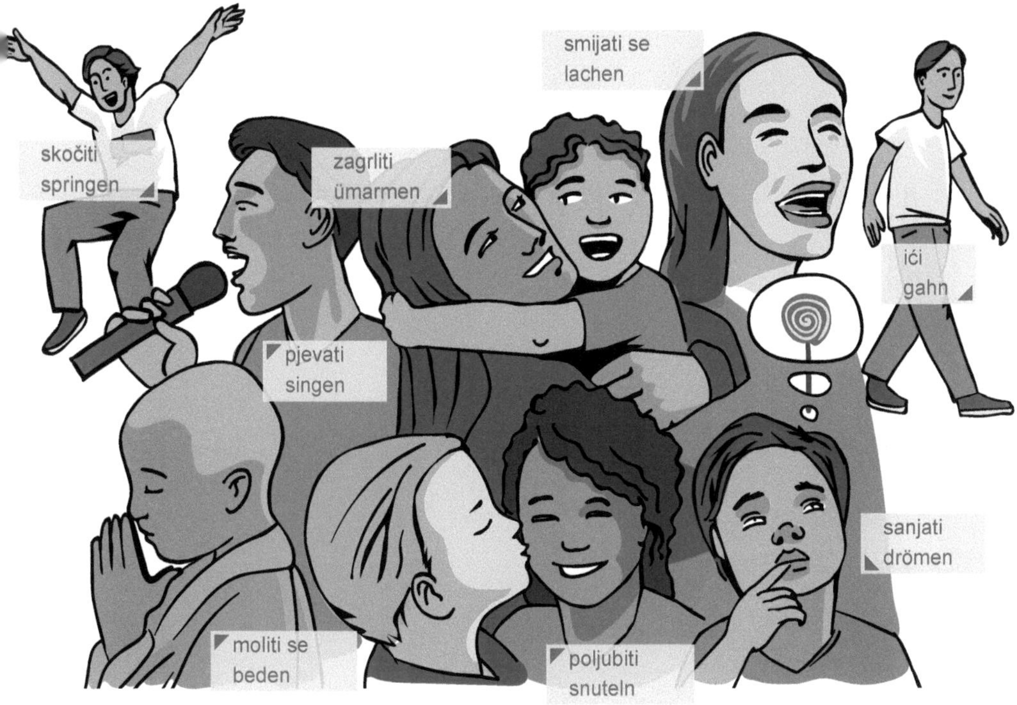

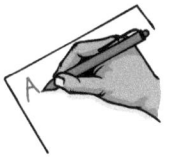

pisati

schrieven

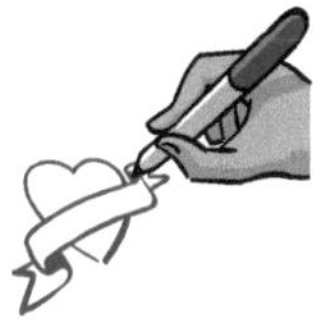

crtati

teken

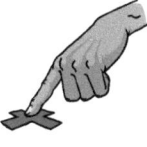

pokazati

wiesen

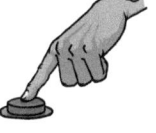

gurati

drücken

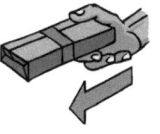

dati

geven

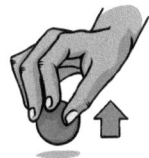

uzeti

nehmen

imati

hebben

činiti

doon

biti

sien

stojati

stahn

trčati

lopen

povlačiti

trecken

baciti

smieten

padati

fallen

ležati

liggen

čekati

töven

nositi

dregen

sjediti

sitten

oblačiti

antrecken

spavati

slapen

probuditi se

opwaken

gledati

ankieken

plakati

wenen

milovati

eien

češljati

kämmen

govoriti

snacken

razumjeti

verstahn

pitati

fragen

slušati

hören

piti

drinken

jesti

eten

pospremiti

oprümen

voljeti

leefhebben

kuhati

kaken

voziti

fohren

letjeti

flegen

ploviti

segeln

računati

reken

čitati

lesen

učiti

lehren

raditi

arbeiden

vjenčati se

de Plünnen tohoopsmieten

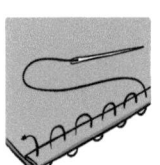

šiti

neihen

prati zube

Tähnen putzen

ubiti

dootmaken

pušiti

smöken

poslati

schicken

obitelj
Familje

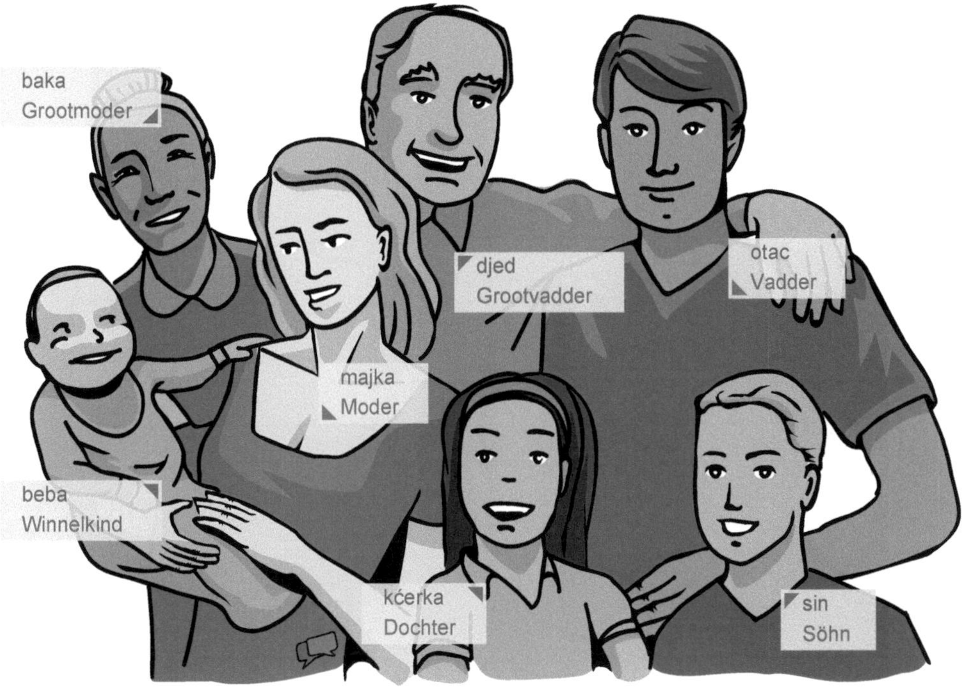
baka
Grootmoder
djed
Grootvadder
otac
Vadder
majka
Moder
beba
Winnelkind
kćerka
Dochter
sin
Söhn

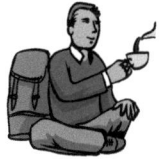

gost

Gast

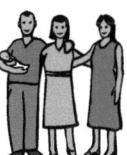

tetka

Tant

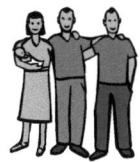

ujak, stric

Unkel

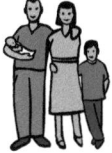

brat

Broder

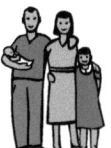

sestra

Süster

tijelo
Lief

čelo
Vörkopp
oko
Oog
rame
Schuller
prst
Finger
lice
Gesicht
brada
Kinn
ruka
Hand
grudi
Bost
noga
Been
ruka
Arm

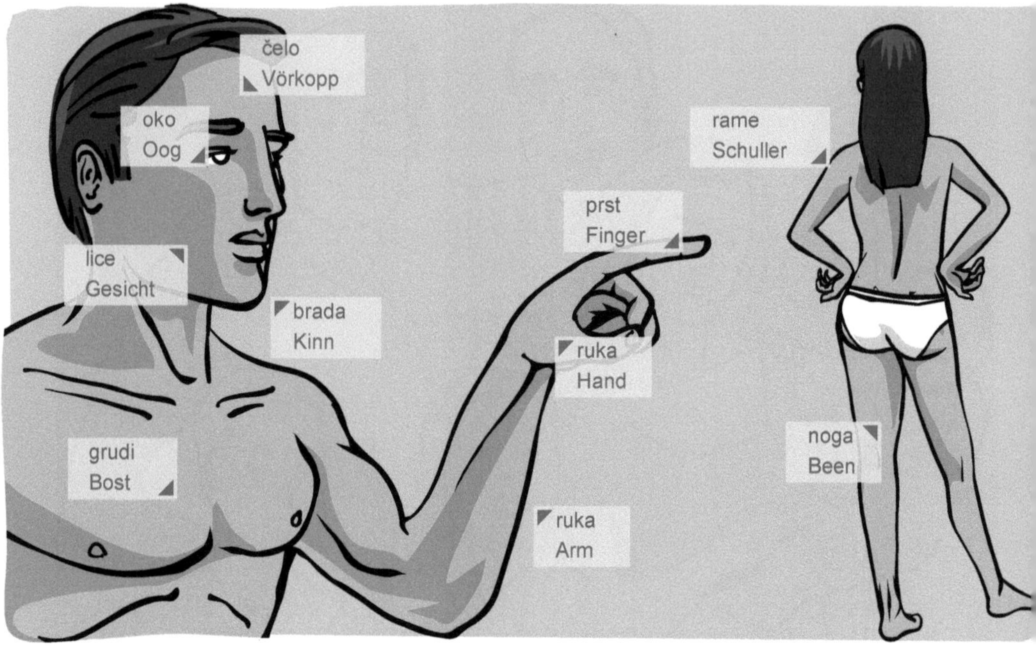

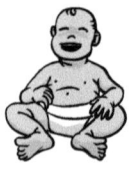

beba
Winnelkind

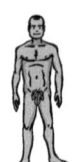

muškarac
Mann

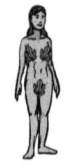

žena
Fro

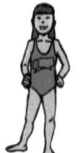

djevojčica
Deern

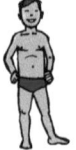

dječak
Jung

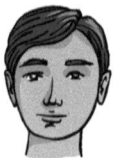

glava
Arm

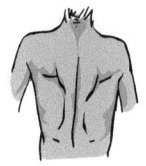

leđa
Rüch

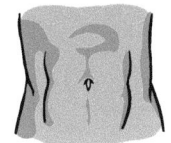

trbuh
Buuk

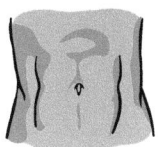

pupak
Navel

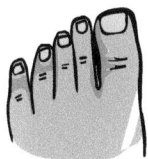

nožni prst
Teh

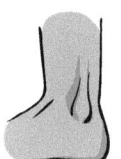

peta
Hack

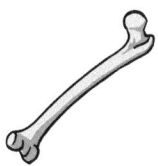

kost
Knaken

kuk
Hüft

koljeno
Knee

lakat
Ellbagen

nos
Nees

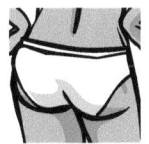

stražnjica
Achtersen

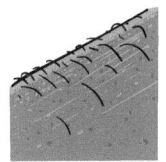

koža
Huut

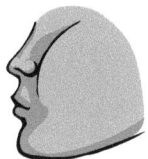

obraz
Back

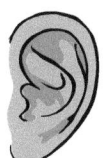

uho
Ohr

usna
Lipp

usta

Mund

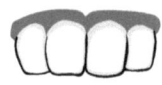

zub

Tähn

jezik

Tung

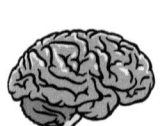

mozak

Bregen

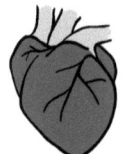

srce

Hart

mišić

Muskel

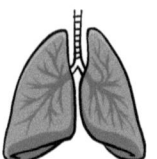

pluća

Lung

jetra

Lever

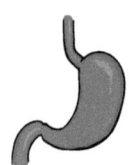

želudac

Maag

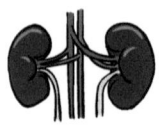

bubrezi

Neren

snošaj

Bislaap

kondom

Kondoom

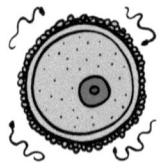

jajna stanica

Eizell

sperma

Sperma

trudnoća

Anner Ümstänn

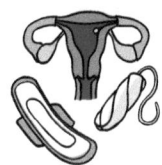

menstruacija
Menstruatschoon

vagina
Scheed

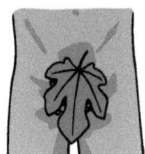

penis
Pint

obrva
Ogenbroe

kosa
Hoor

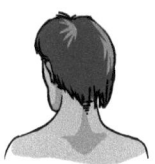

vrat
Hals

bolnica
Krankenhuus

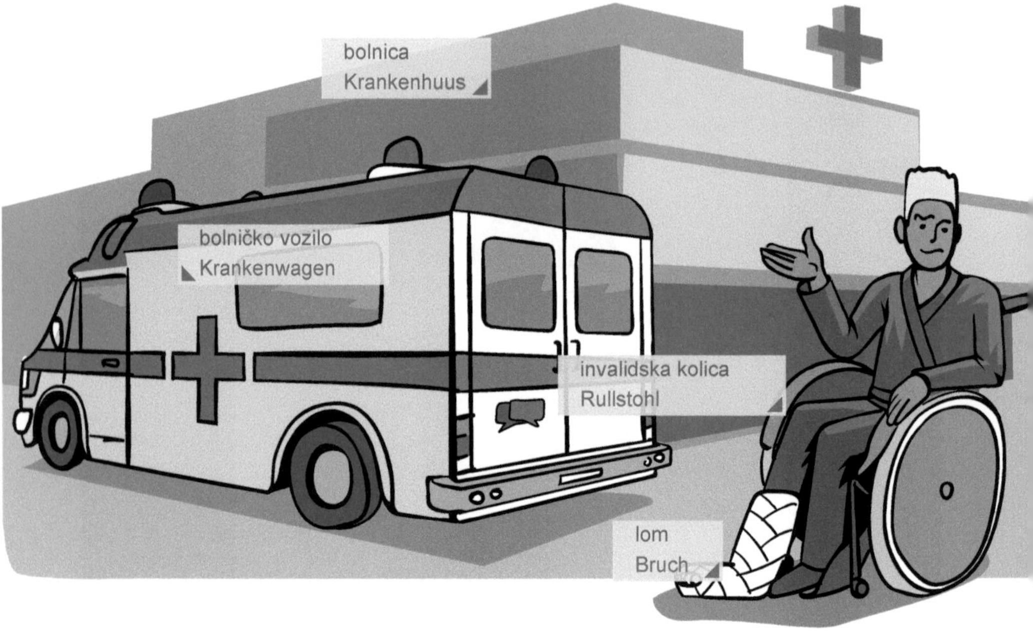

bolnica
Krankenhuus
bolničko vozilo
Krankenwagen
invalidska kolica
Rullstohl
lom
Bruch

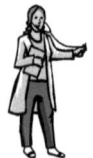

 liječnik

Dokter

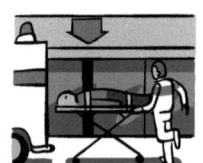

hitna medicinska služba

Nootopnahm

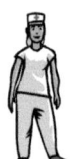

medicinska sestra

Krankensüster

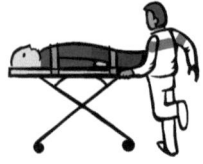

hitni slučaj

Nootfall

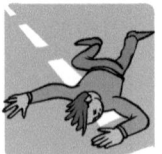

nesvijest

ahnmächtig

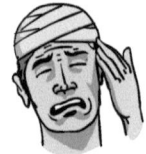

bol

Wehdaag

ozljeda

Verwunnen

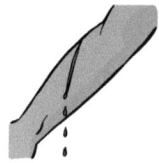

krvarenje

Blöden

srćani infarkt

Hartinfarkt

moždani udar

Slaganfall

alergija

Allergie

kašalj

Hoosten

groznica

Fever

gripa

Gripp

proljev

Dörchfall

glavobolja

Koppwehdaag

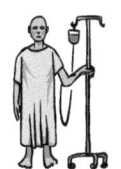

rak

Kreeft

dijabetes

Zuckersüük

kirurg

Chirurg

skalpel

Chirurgsch Mess

operacija

Operatschoon

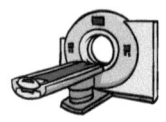

ct
....
CT

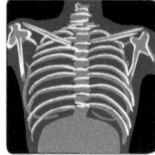

rentgen
....
Dörchlüchten

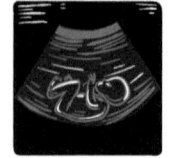

ultrazvuk
....
Ultraschall

maska
....
Mask

bolest
....
Krankheit

čekaonica
....
Töövruum

štaka
....
Krück

flaster
....
Plaaster

zavoj
....
Verband

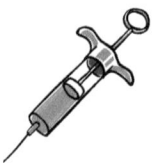

injekcija
....
Insprütten

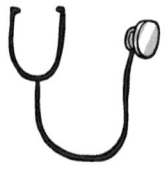

stetoskop
....
Stethoskop

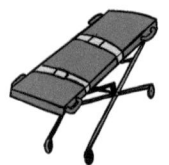

nosilo
....
Draag

termometar
....
Feverthermometer

rođenje
....
Geboort

prekomjerna težina
....
Övergewicht

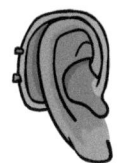

slušni aparat

Hööapparat

sredstvo za dezinfekciju

Kiemfriemiddel

infekcija

Ansteken

virus

Virus

hiv / sida

HIV / AIDS

medicina

Heelmiddel

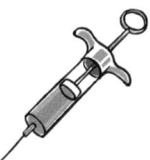

vakcinacija

Impen

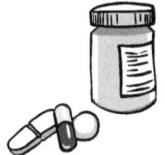

tablete

Tabletten

pilula

Pill

poziv u pomoć

Nootroop

uređaj za mjerenje tlaka

Blootdruck-Meter

bolesno / zdravo

krank / gesund

pomoć!

Hölp!

alarm

Alarm

nasrtaj

Överfall

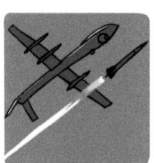

napad

Angreep

opasnost

Gefohr

izlaz za nuždu

Nootutgang

požar!

Füer!

vatrogasni aparat

Füerlöscher

nezgoda

Unfall

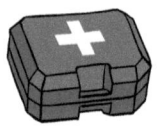

kofer prve pomoći

Noothölpkoffer

sos

SOS

policija

Polizei

Europa

Europa

sjeverna amerika

Noordamerika

južna amerika

Süüdamerika

Afrika

Afrika

Azija

Asien

Australija

Australien

Atlantik

Atlantik

Pacifik

Pazifik

ocean

Indisch Weltmeer

antarktički ocean

Antarktisch Weltmeer

arktički ocean

Arktisch Weltmeer

sjeverni pol

Noordpol

južni pol

Süüdpol

Antarktik

Antarktis

zemlja

Eerd

zemlja

Land

more

See

otok

Eiland

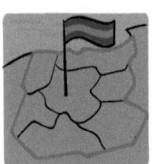

nacija

Natschoon

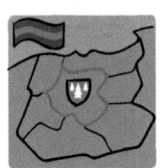

država

Staat

brojčanik sata

Tallenblatt

satna kazaljka

Stunnenwieser

minutna kazaljka

Minutenwieser

sekundna kazaljka

Sekunnenwieser

Koliko je sati?

Wo laat is dat?

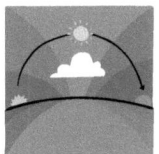

dan

Dag

vrijeme

Tiet

sada

nu

digitalni sat

digetaalsch Klock

minuta

Minuut

sat

Stunn

tjedan
Week

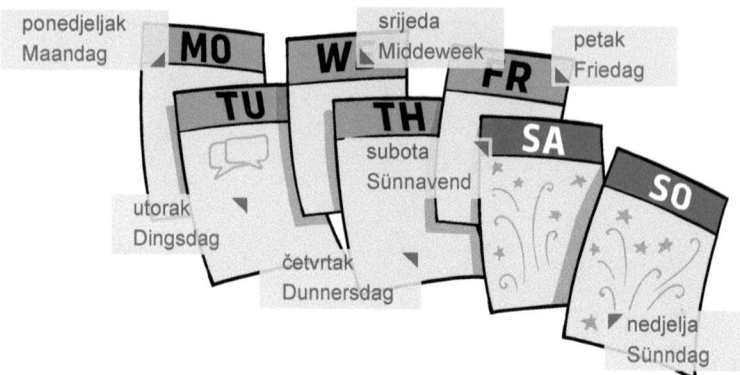

ponedjeljak
Maandag

srijeda
Middeweek

petak
Friedag

utorak
Dingsdag

subota
Sünnavend

četvrtak
Dunnersdag

nedjelja
Sünndag

jučer
güstern

danas
hüüt

sutra
morgen

jutro
Morgen

podne
Meddag

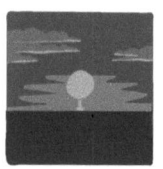

večer
Avend

MO	TU	WE	TH	FR	SA	SU
1	2	3	4	5	6	7
8	9	10	11	12	13	14
15	16	17	18	19	20	21
22	23	24	25	26	27	28
29	30	31	1	2	3	4

radni dani

Arbeitsdaag

MO	TU	WE	TH	FR	SA	SU
1	2	3	4	5	6	7
8	9	10	11	12	13	14
15	16	17	18	19	20	21
22	23	24	25	26	27	28
29	30	31	1	2	3	4

vikend

Wekenenn

godina
Johr

kiša
Regen
duga
Regenbagen
vjetar
Wind
snijeg
Snee
proljeće
Fröhjohr
ljeto
Sommer
jesen
Harvst
zima
Winter

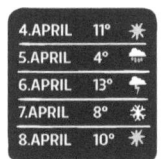

4.APRIL 11°
5.APRIL 4°
6.APRIL 13°
7.APRIL 8°
8.APRIL 10°

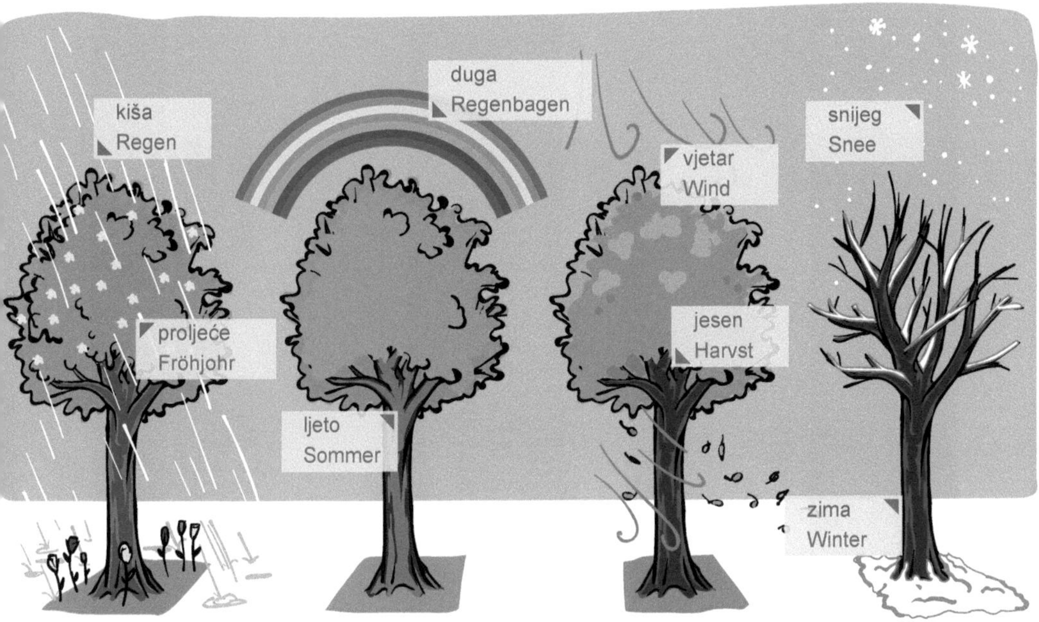

meteorološka prognoza
....
Wedervörhersaag

F C
120 40
90 30
60 20
30 10
0 0
-30 -10
-20

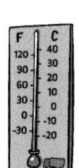

termometar
....
Thermometer

sunčana svjetlost
....
Sünnenschien

oblak
....
Wulk

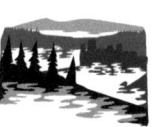

magla
....
Nevel

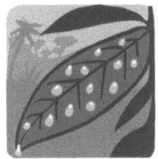

vlažnost zraka
....
Luftfuchtigkeit

munja

Blitz

grmljavina

Dunner

oluja

Storm

tuča

Hagel

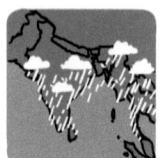

monsun

Monsun

poplava

Floot

led

les

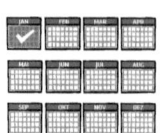

siječanj

Januormaand

veljača

Februormaand

ožujak

Martmaand

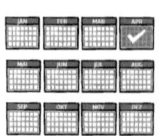

travanj

Aprilmaand

svibanj

Maimaand

lipanj

Junimaand

srpanj

Julimaand

kolovoz

Augustmaand

rujan

Septembermaand

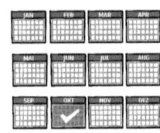

listopad

Oktobermaand

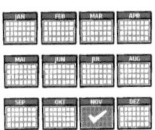

studeni

Novembermaand

prosinac

Dezembermaand

oblici
Formen

krug

Krink

kvadrat

Quadrat

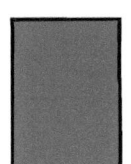

pravokutnik

Rechteck

trokut

Dreeeck

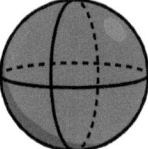

kugla

Kugel

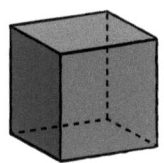

kocka

Wörpel

bijela

witt

žuta

geel

narančasta

orangsch

ružičasta

pink

crvena

root

ljubičasta

lila

plava

blau

zelena

gröön

smeđa

bruun

siva

gries

crna

swart

mnogo / malo
veel / wenig

ljutito / mirno
böös / verdreeglich

lijepo / ružno
smuck / mies

početak / kraj
Begünn / Enn

veliko / maleno
groot / lütt

svijetlo / tamno
hell / düüster

brat / sestra
Broder / Süster

čisto / prljavo
schier / schietig

potpuno / nepotpuno
kumpleet / nich kumpleet

dan / noć
Dag / Nacht

mrtvo / živo
doot / lebennig

široko / usko
breet / small

jestivo / nejestivo

geneetbor / nich geneetbor

zlo / dobro

böös / fründlich

uzbuđeno / dosadno

fickerig / langwielt

debelo / mršavo

dick / dünn

na početku / na kraju

toeerst / toletzt

prijatelj / neprijatelj

Fründ / Fiend

puno / prazno

vull / leddig

tvrdo / mekano

hart / week

teško / lagano

swoor / licht

glad / žeđ

Smacht / Döst

bolesno / zdravo

krank / gesund

ilegalno / legalno

nich na't Recht / na't Recht

pametno / glupo

klook / dummerhaftig

lijevo / desno

linkerhand / rechterhand

blizu / daleko

neeg / feern

novo / rabljeno

nieg / bruukt

ništa / nešto

nix / wat

staro / mlado

oolt / jung

uključeno / isključeno

an / ut

otvoreno / zatvoreno

apen / slaten

tiho / glasno

lies / luut

bogato / siromašno

riek / arm

točno / pogrešno

richtig / verkehrt

hrapavo / glatko

ruug / glatt

tužno / sretno

trurig / glücklich

kratko / dugo

kort / lang

polako / brzo

suutje / flink

mokro / suho

natt / dröög

toplo / hladno

warm / köhl

rat / mir

Krieg / Freden

0	**1**	**2**
nula	jedan	dva
null	een	twee

3	**4**	**5**
tri	četiri	pet
dree	veer	fief

6	**7**	**8**
šest	sedam	osam
söss	söven	acht

9	**10**	**11**
devet	deset	jedanaest
negen	teihn	ölven

12

dvanaest

twölf

13

trinaest

dörteihn

14

četrnaest

veerteihn

15

petnaest

föffteihn

16

šestnaest

sössteihn

17

sedamnaest

söventeihn

18

osamnaest

achtteihn

19

devetnaest

negenteihn

20

dvadeset

twintig

100

stotinu

hunnert

1.000

tisuću

dusend

1.000.000

milijun

million

engleski

Engelsch

američko engleski

Amerikaansch Engelsch

kinesko mandarinski

Chineesch Mandarin

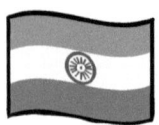

hindi

Hindi

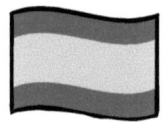

španjolski

Spaansch

francuski

Franzöösch

arapski

Araabsch

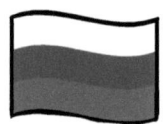

ruski

Rusch

portugalski

Portugiesch

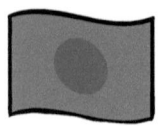

bengalski

Bengaalsch

njemački

Düütsch

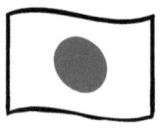

japanski

Japaansch

ja

ik

ti

du

on / ona / ono

he / se / dat

mi

wi

vi

ji

oni

se

tko?

keen?

što?

wat?

kako?

woans?

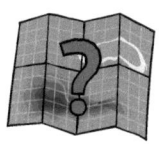

gdje?

woneem?

kada?

wannehr?

ime

Naam

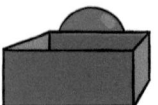

iza

achter

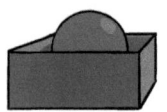

u

in

ispred

vör

preko

över

na

op

ispod

ünner

pored

blangen

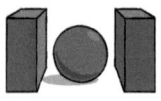

između

twüschen

mjesto

Oort